D1721057

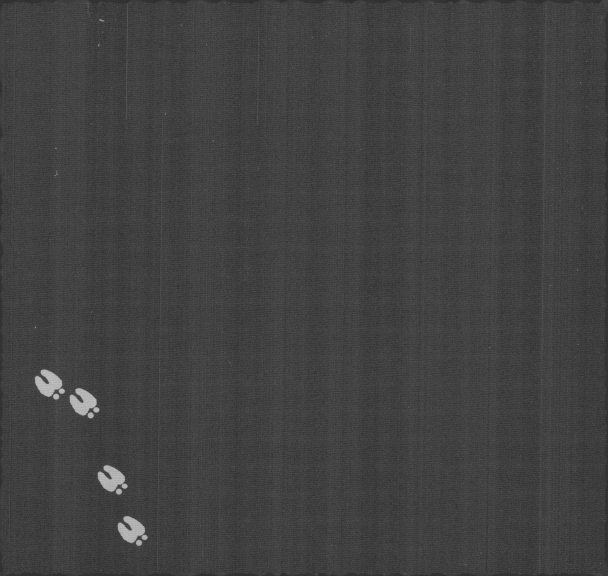

Iris und Jochen Grün

Das kleine Elchbuch

Pattloch

Da
hat doch zum Beispiel so ein
Römer, Julius Caesar war sein Name, in
»De bello gallico« behauptet, es gäbe im
Hercynischen Wald so komische, ziegenähnliche (!!!)
Tiere. »Alces« hat er sie genannt und damit uns gemeint!
Zum Schlafen würden wir uns — immer noch O-Ton Caesar —
an Bäume lehnen, und wenn wir dabei umfielen, könnten wir nicht
mehr aufstehen. Listige Jäger hätten die Anlehnbäume angesägt und
deren Wurzeln ausgegraben, sodass Bäume samt Elchen umstürz-
ten, wenn wir uns zur Ruhe begaben. Und diesen Unsinn
haben die Menschen dann jahrhundertelang
geglaubt! Nicht zu fassen!

Mag Julius Caesar ein großer Feldherr gewesen sein, für seine zoologischen Kenntnisse kann er kein »summa cum laude« bekommen haben ... Zwar etwas präziser, aber auch nicht schmeichelhafter drückte sich der Naturwissenschaftler Kurt Floericke im Jahre 1920 aus:

ALCES

»Der plumpe Pferdeschädel mit der ungeheuerlichen Ramsnase, die kleinen, tückisch blinzelnden Schweinsaugen, die schlotternde, weichledrige Oberlippe, die ständig spielenden Eselsohren, die hässliche Halswamme mit dem langen Bart, das schwere Schaufelgeweih, der Kamelbuckel am Vorderrist, der giraffenartig steil abfallende Hinterrist, die hohen, weiß schimmernden Stelzenläufe und das winzige Stummelschwänzchen ...«

ALCES

Sunt item, quae appellantur alces. Harum est
consimilis ca... figura et varietas pellium, sed
magnitudine paulo antecedunt mutilaeque sunt
co...as ...ine nodis articulisque habent.
...eque, si quo
...uble-
va...pos...s; ad
eas ...natae
...ren...m est
...ac...ecipere
co...s sub-
...runt...summa
spec...c cum se
con...arbores
pon...e ad...unt ...dunt.

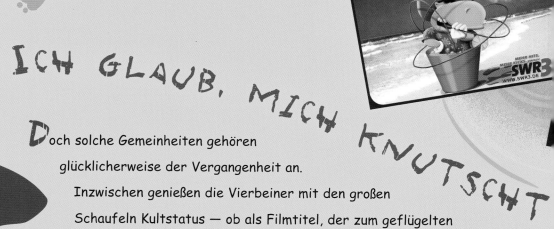

ICH GLAUB, MICH KNUTSCHT

Doch solche Gemeinheiten gehören

glücklicherweise der Vergangenheit an.

Inzwischen genießen die Vierbeiner mit den großen

Schaufeln Kultstatus — ob als Filmtitel, der zum geflügelten

Wort wurde (»Ich glaub, mich knutscht ein Elch«), oder zuletzt als

Mr. Moose in der Hauptrolle von »Es ist ein Elch entsprungen«.

Lars Mortimer hat den legendären Comic-Elch »Hälge« ins

Leben gerufen. Prominent ist auch der coole SWR3-Elch.

Mit »Mehr Hits. Mehr Kicks.« wirbt er für die große

jährliche SWR3-Elch-Party und steht als Plüschtier,

Bildschirmschoner oder animierte E-Card im Mittel-

punkt der sendungsbewussten Elchfans.

EIN ELCH

ELCH...

BESUCH!!!

POSTA AL

Der Elch ist ein »Weltbürger«. Es finden sich sogar einige — wohlgemerkt postalische — Exemplare im Oman, in der Mongolei und in Tanna Tuva, der Hauptstadt von Kalmykien. Selbst für gambische und kongolesische Briefmarken standen sie schon Modell. Die größten lebenden Exemplare sind in Alaska beheimatet, wo sie bis zu 2,35 Meter hoch und 825 Kilo schwer werden. Ihre europäischen Brüder erreichen »nur« 1,90 Meter und 400 Kilo und leben vorwiegend in Skandinavien, Polen und dem Baltikum. Sogar in Deutschland, in der Oberpfalz, gab es in den letzten Jahren immer wieder »Elchalarm«, doch bei Witterung von Menschen brachte sich das scheue Tier sofort in Sicherheit.

APROPOS ELCHE IN DEUTSCHLAND: IN SCHWEINFURT TROJANISCHER

Tatsächlich gibts im Schweinfurter Wildpark an den Eichen den weltgrößten Holzelch zu besichtigen: ein großer Spaß für Kinder, denn man kann hineinklettern, auf der großen Rutsche wieder runtersausen, sich auf drei Ebenen verstecken und Trojanisches Pferd spielen! Noch spannender sind Lina und Lasse — die beiden echten Elche im Wildpark. Sie kommen aus der finnischen Stadt Seinäjöki und fühlen sich fast so wohl wie in ihrer Heimat im hohen Norden. An der Waldschänke gibts dann Eis und Limo für die Kinder, für Papa und Mama eine Flasche Gerstensaft mit dem Slogan »Hol Dir den Elch ins Haus«. Ein Teil des Erlöses fließt an den Wildpark zurück als Spende.

UNTERWEGS

Zu besonderen Anlässen lassen wir uns auch vor den Karren — äh ..., Schlitten spannen. In Amerika haben wir diesen Job allerdings an unsere nahen Verwandten, die Rentiere, abgetreten. Ganz schön clever, oder?

MIT ELCH & CO.

Weihnachtselche?! Na klar, der Elch ist in ganz Skandinavien eng verbunden mit dem Julfest, so heißt dort Weihnachten. Er ist der Begleiter der »Tomte«, der schwedischen Hof- und Weihnachtswichtel, die Haus und Tiere bewachen. In Amerika stehen seine Onkel und Tanten, die Rentiere, Santa Claus bei und ziehen seinen Schlitten. Johnny Marks schrieb den Weihnachtsklassiker dazu:

RUDOLPH, THE

Rudolph, the red-nosed reindeer
had a very shiny nose.
And if you ever saw him,
you would even say it glows.

All of the other reindeer
used to laugh and call him names.
They never let poor Rudolph
join in any reindeer games.

Then one foggy Christmas Eve
Santa came to say:
»Rudolph with your nose so bright,
won't you guide my sleigh tonight?«

Then all the reindeer loved him
as they shouted out with glee:
»Rudolph the red-nosed reindeer,
you'll go down in history!«

RED-NOSED REINDEER

Beim so genannten Elchtest fiel vor einigen Jahren der neu konzipierte A-Klasse Mercedes um, sprich — durch. Seitdem haben sich unzählige Schenkelklopfer daraus ergeben, die besonders bei den Elchfreaks »umwerfende« Erfolge erzielen!

»WASCHEN — LE

WIE NENNT EIN A-KLASSE-FAHRER SEIN AUTO LIEBEVOLL?

Purzel ...

* * *

WAS SAGT DER A-KLASSE-FAHRER, WENN ER SEINEN WAGEN ZUR AUTOWÄSCHE BRINGT?

Waschen — legen — föhnen!

* * *

WAS PROBIERT EIN A-KLASSE-FAHRER BEIM ERSTE-HILFE-KURS GANZ BESONDERS?

Stabile Seitenlage, was sonst?

* * *

WARUM WIRD DIE A-KLASSE AUCH »BABY-BENZ« GENANNT?

Ist doch klar: Weil er Stützräder braucht!

WAS SIND 100 A-KLASSE-WAGEN
IN EINER REIHE?
Domino!!!

* * *

WIE PARKT MAN
MIT DER A-KLASSE EIN?
Neben die Parklücke fahren und reinkippen.

* * *

WARUM HEISST DER
BABY-BENZ »A-KLASSE«?
Weil die Fahrzeuginsassen in der Kurve
»AAAAAAAAA« schreien und nach
geglückter Weiterfahrt:
»KLASSE.«

EN – FÖHNEN«

WENN ELCHE MIT

SCHAUFELN BAGGERN

... der muss jetzt weg.
Ein Schlag zurück, autsch ... so kräftig
schaut er mir gar nicht aus ... so, jetzt aber
wieder vorwärts ... gradewegs ins Auge des
Gegners blicken, nur nicht lockerlassen und die
knackigen Elinnen nicht aus den Augen verlieren,
schließlich darf nur der Sieger mit den süßen
Mädels einen Waldspaziergang
machen ...

3:O)

ERFOLGREICHE ZUCHT:

»Drei, drei, drei — bei Issos Keilerei« haben wir im Geschichtsunterricht gelernt. Für Elchfans heißt die Drei »Geweih« und das geht so: Computerfreaks haben eine neue Spezies gezüchtet, den »Internetelch«. Basis dazu ist ein User, der seinen Kopf nach links neigt und nun die Tasten »Drei«, »Doppelpunkt« und »Null« in die Tastatur hackt: So entstehen Geweih, Augen und Nase des Schaufeltiers. »Klammer zu« lässt ihn lächeln, »Klammer auf« zeigt ihn betrübt. Der große Strich »|« lässt ihn glücklich träumen, bei einem großen »B« trägt er cool die Sonnenbrille. Unzählige weitere Exemplare werden mit diesen Urviechern gekreuzt und tragen stets zur Belustigung bei: 3:O) 3:O) 3:O)

»GENERATION GOLF«

... erstmal richtig Sand
aufwirbeln mit dem »Driver«,
dann werden die beiden vierbeinigen
»Greenkeeper« hoffentlich den
»Bunker« freigeben ...

DIE ÄPFEL DER ...

Elche lieben Äpfel —
und so ist es nicht verwunderlich, dass es
im goldenen Oktober öfters vorkommt, dass sich
freilaufende Vierbeiner in Nachbars Obstgarten
gütlich tun. Das allein wäre ja nicht so schlimm,
wenn sie nur wüssten, welchen Äpfeln der
Versuchung sie erlegen sind: Der süße Saft
des verfaulten Fallobstes ist nämlich aufgrund
der Gärung alkoholhaltig ... Auch Elche sind nur Menschen — und so passierte
es letztens, dass durch Alkohol enthemmte Breitmäuler anfingen zu randalieren.
Selbst Polizisten mit Hunden wurden ignoriert. Erst der Anblick von Jägern mit
Gewehren ließ die Vierbeiner von dannen ziehen. So ging die Geschichte gut aus,
bleibt nur die Frage: GUTEN APPETIT ODER PROSIT?!

VERSUCHUNG

Nach
all den vielen guten Äpfeln bin ich etwas
benommen, da spiel ich doch mal Vogel Strauß
und steck den Kopf in den Sand, äh ..., Sumpf,
denn die Gräser am Ufer schmecken auch sehr lecker.
Für eine mineralstoffreiche Wasserpflanzen-Mahlzeit
tauch' ich sogar meilenweit, naja, nicht ganz,
aber immerhin bis zu fünf Meter tief.
Das mach mir mal einer nach!!!

VIEL SPASS BEIM ELCH

Jule und Ole — so nennen sich laut Anleitung die zwei Kontrahenten im Elchfest-Spiel. Und sie wollen einen Fluss überqueren, jeder von seiner Seite aus. Doch obwohl Elche gerne baden, wie wir auf der vorherigen Seite sehen konnten, finden sie es doch standesgemäßer, trockenen Fußes das andere Ufer zu erklimmen. Um das zu ermöglichen, werden die grauen Felsensteine mit den Fingern ins Spiel geschnippt. Durch geschicktes Schnippen wird einer der beiden Elche zuerst ans gegenüberliegende Ufer balancieren und den Sieg davontragen. Ein turbulentes Spiel für zwei fingerfertige Spieler.

-DUELL!

DAS ABC AUF

Alaska-Elche sind die größten ihrer Art  Betrunkene Elche gibts im Herbst  Caesar erfand haarsträubende Elch-Geschichten  Dineega heißt der Elch auf Indianisch  Elinnen nennt man die Elchkühe  F. W. Bernstein prägte den Spruch: »Die größten Kritiker der Elche waren früher selber welche.«  Grizzlys, Schwarzbären und Wölfe zählen zu seinen Feinden  Hirvi nennen ihn die Finnen  Imponieren wollen die Hirsche zuerst, bevor um die Gunst der Kühe gekämpft wird  Jakuten sagen zum Elch Ulu-kyll  Klunker heißt die charakteristische Hautfalte am Hals der Elche  Lina und Lasse gibts in Schweinfurt  Mr. Moose heißt der neueste Kinoheld  Nur Elchbullen tragen das jährlich wechselnde

Geweih ⟐ Ostpreußische Elche durchschwimmen sogar das Kurische Haff ⟐ Põder nennt sich der Elch in Estland ⟐ Rentiere sind nahe Verwandte der Elche; bei den Rentieren tragen auch Kühe ein Geweih ⟐ Schaufeln haben die meisten Elchbullen, selten gibt es auch welche mit Stangengeweih ⟐

ELCHISCH

Tataren und Kirgisen nennen ihn Bulan ⟐ Ungarisch heißt er Jávorszarvas ⟐ Västerbotten in Nordschweden ist bekannt für seinen leckeren Elch-käse ⟐ Weiße Elche, 50 an der Zahl, leben in der mittelschwedischen Provinz Värmland, dazu 30 000 »normale« Exemplare ⟐ Zwillingskälber werden häufig geboren, ab und zu kommen auch Drillinge vor

Dieses Rezept ist etwas arbeitsintensiv, deshalb sind die Mengen so gewählt, dass nach einem Essen für 4 bis 6 Personen noch genügend Sugo zum Einfrieren bleibt.

Stangensellerie in sehr feine Scheiben schneiden, die Karotten und die Sellerieknolle mittelfein würfeln, Knoblauch und Schalotten fein würfeln.

Das Gemüse in Olivenöl bei mittlerer Hitze in einer großen Pfanne anbraten und das Ganze mit etwas Hühnerbrühe ablöschen. Nach ca. 5 Minuten 500 Gramm passierte Tomaten und einen Esslöffel Tomatenmark hinzugeben. Alles bei kleiner Flamme weiter köcheln lassen.

Inzwischen Elch- und Schweinehack mischen und in einer großen Pfanne in Olivenöl scharf anbraten. Während des Bratens mit einem Holzspatel das Fleisch klein zerteilen, einen Teelöffel Meersalz dazugeben. Wenn das Fleisch langsam Farbe annimmt, mit dem Weißwein ablöschen und gänzlich verkochen lassen, dann mit 30 Milliliter Hühnerbrühe ablöschen und 500 Gramm passierte Tomaten dazugeben.

Wenn Gemüse und Fleisch ungefähr gleich eingekocht sind, werden sie in einem 5-Liter-Topf gemischt und mit Meersalz abgeschmeckt. Nun die restlichen 500 Gramm Tomaten und 250 Milliliter Hühnerbrühe dazugeben und mindestens eine bis zwei Stunden leicht köcheln lassen. Immer wieder mit Brühe aufgießen. Zum Schluss den fertigen Sugo mit dem Zauberstab noch etwas feiner pürieren.

ELCHNUDELN BOLOGNESE

FÜR 4 BIS 6 PERSONEN
1 Stangensellerie, 500 g Karotten,
1 Stück Knollensellerie (ca. 150 g),
6 große Knoblauchzehen, 2 Schalotten,
1,5 kg passierteTomaten, 1 EL Tomatenmark,
500 g Elchhack (ersatzweise Rinderhack),
500 g Schweinehack,
200 ml trockener Weißwein,
400 ml Hühnerbrühe zum Aufgießen,
Olivenöl, Meersalz,
500 g Elchnudeln (gibts bei Ikea)

Danksagung:
Die Autoren möchten sich ganz herzlich bedanken bei Herbert Götz und Thomas Leier aus Schweinfurt
(www.wildpark-schweinfurt.de), Maren und Uwe Kamke für die Elchbriefmarken (www.alces-alces.com),
Franz Vohwinkel und dem Kosmos Verlag für das Elchfest-Spiel, Stefan Dehmel und dem Elchteam vom SWR3.

Bildnachweis:
Okapia/ Alaskastock Calvin W. Hall S. 5, 6-7, 8-9, 18, 28, 30-31 (zweimal freigestellter Elch), 33, 38, 45;
SWR3 S.10-11 (zwei Fotos: oben Mitte); Samfilm GmbH/ Jürgen Olczyk S. 11 (zwei Fotos: ganz rechts und unten);
Corbis/ Steve Kaufman S. 12/ Kenna Ward S. 12-13/ Paul A. Souders S. 12/ Robert Y. Ono S. 22-23/ Jeff Vanuga
S. 26-27/ Raymond Gehman S. 31 (Golfszene)/ Randy M. Ury S. 34-35; Herbert Götz S. 16-17 (zwei Elchfotos,
ein Holzelch); dpa Picture-Alliance/ Lehtikuva Martti Kainulainen S. 18-19; mauritius images/ age fotostock/
Patricio Robles Gil S. 42-43. Alle anderen Motive: Iris und Jochen Grün, München.

Bibliografische Information Der Deutschen Bibliothek
Die Deutsche Bibliothek verzeichnet diese Publikation in der Deutschen Nationalbibliografie;
detaillierte bibliografische Daten sind im Internet über http://dnb.ddb.de abrufbar.

Es ist nicht gestattet, Abbildungen dieses Buches zu scannen, in PCs oder auf CDs zu speichern oder
in PCs/Computern zu verändern oder einzeln oder zusammen mit anderen Bildvorlagen zu manipulieren,
es sei denn mit schriftlicher Genehmigung des Verlages.

© 2006 Pattloch Verlag GmbH & Co. KG, München

Gesamtgestaltung: Greenstuff, München
www.greenstuff.de
Umschlagfoto: Okapia/ Alaskastock Calvin W. Hall
Lektorat: Bettina Gratzki, Pattloch Verlag
Druck und Bindung: Uhl, Radolfzell
Printed in Germany

ISBN-13: 978-3-629-02127-4
ISBN-10: 3-629-02127-1

www.pattloch.de